AF564085

DÉNONCIATION
D'ARRESTATION
ET
DE DÉTENTION ARBITRAIRE,

PAR MM. COMTE ET DUNOYER.

A PARIS,

AU BUREAU DU CENSEUR EUROPÉEN,
RUE GÎT-LE-CŒUR, N°. 10.

1817.

DÉNONCIATION

D'ARRESTATION

ET

DE DÉTENTION ARBITRAIRE,

Et opposition à la saisie du troisième volume du Censeur Européen, signifiée à M. le procureur du Roi.

François-Charles-Louis COMTE et Charles-Barthelemi DUNOYER, auteurs du Censeur Européen, exposent à M. le procureur du Roi près le tribunal de première instance de la Seine, que le 17 de ce mois, après avoir subi un interrogatoire sur le contenu du troisième volume du Censeur Européen, devant M. REVERDIN, chevalier de Saint-Louis, et juge d'instruction près le même tribunal, ils ont été arrêtés et conduits à la maison d'arrêt de la Force, où ils sont actuellement détenus ;

Que le mandat en vertu duquel ils ont été arrêtés, et en vertu duquel ils sont détenus, n'exprime *ni le motif de l'arrestation, ni la loi en vertu de laquelle elle a été effectuée ;* que par conséquent il ne pouvait être exécuté, suivant les dispositions des art. 77 et 78 de l'acte constitutionnel de l'an 8, ainsi conçus :

Art. 77. « Pour que l'acte qui ordonne l'arrestation d'une personne puisse être exécuté, » il faut, 1°. *qu'il exprime formellement le* » *motif de l'arrestation, et la loi en exécution* » *de laquelle elle est ordonnée ;* 2°. qu'il émane » d'un fonctionnaire à qui la loi ait donné formellement ce pouvoir ; 3°. qu'il soit notifié à » la personne arrêtée, et qu'il lui en soit laissé » copie. »

Art. 78. « Un gardien ou geolier ne peut recevoir ou détenir aucune personne qu'après » avoir transcrit sur son registre l'acte qui ordonne l'arrestation ; cet acte doit être *un* » *mandat donné dans les formes prescrites par* » *l'article précédent,* ou une ordonnance de » prise de corps, ou un décret d'accusation, ou » un jugement » ;

Que si les formes prescrites par l'article 96 du Code d'instruction criminelle, pour les mandats d'arrêts, ne sont pas prescrites par l'art. 95, pour les mandats de dépôt, il ne s'ensuit pas qu'elles ne doivent pas être observées pour ce dernier mandat, parce que l'abrogation d'une loi constitutionnelle, d'une loi destinée à garantir la liberté des citoyens, ne peut résulter du silence ou de l'obscurité d'une loi destinée à en assurer l'exécution ; que d'ailleurs, l'art. 615 du même Code, rappelle textuellement l'exécution des deux articles précités, et que ce rappel serait absurde, si ces deux articles avaient été abrogés ;

Qu'à la vérité, par l'exécution des articles 77 et 78 de la loi constitutionnelle de l'an 8, le mandat de dépôt sera soumis aux mêmes formalités que le mandat d'arrêt ; mais que l'abrogation de ces deux articles serait contradictoire avec l'art. 615 du Code d'instruction criminelle, et qu'entre deux difficultés on ne peut pas, après avoir garanti la liberté individuelle, interpréter la loi dans un sens contraire à cette liberté.

Que si la charte constitutionnelle a dérogé aux constitutions de l'empire dans quelques formes de gouvernement, elle n'y a point dérogé en ce qui touche à la sûreté individuelle, puisqu'au contraire elle a eu pour objet de préserver les citoyens des arrestations et des détentions arbitraires ;

Que bien loin de supposer que la charte a abrogé les constitutions antérieures, on les exécute au contraire dans un grand nombre de dispositions ; qu'on les exécute notamment dans les parties qui ont enlevé aux communes le droit dont elles jouissaient long-temps avant la révolution, de nommer leurs administrateurs ; qu'on exécute même les sénatus-consultes et les décrets impériaux qui privent les gardes nationales de France du droit que la loi leur avait garanti de nommer leurs officiers, et qui mettent tous les citoyens à la disposition du pouvoir exécutif, en les assimilant aux soldats de la ligne ;

Que si les dispositions de la constitution de l'an 8, qui mettent les citoyens à l'abri des arrestations et des détentions arbitraires, étaient considérées comme abrogées, contre la disposition de l'art. 615 du Code d'instruction criminelle, il s'ensuivrait que la charte constitutionnelle devrait être regardée comme un *acte additionnel aux constitutions de l'empire* dans tout ce que ces constitutions présentent de favorable au pouvoir, tandis qu'on la considérerait comme ayant abrogé ces mêmes constitutions dans tout ce qu'elles renferment de favorable à la liberté publique ;

Que les exposans avaient d'autant plus d'intérêt à l'exécution des articles précités, que la nécessité d'énoncer les motifs de leur arrestation ; et la loi en vertu de laquelle elle était ordonnée, aurait mis le juge d'instruction dans l'impossibilité de les faire arrêter ;

Qu'il paraît en effet, d'après l'interrogatoire subi devant ce juge, que la délivrance à l'imprimeur des manuscrits du troisième volume du Censeur Européen, et l'impression de ces manuscrits, ont causé leur arrestation, quoique l'impression, ni même la publication de ce volume, ne pût plus donner lieu à aucune poursuite ;

Que la déclaration exigée par la loi avant l'impression de ce volume avait, en effet, été faite ; qu'après l'impression cinq exemplaires avaient été déposés au ministère de la police, remplaçant la direction de la librairie ; que, sur ce dépôt, le gouvernement avait pu faire examiner l'ouvrage et en ordonner la saisie, s'il avait trouvé qu'il était contraire à ses intérêts ;

Que l'ouvrage ne pouvant être publié qu'après la remise du récépissé du dépôt, l'autorité n'avait effectué cette remise qu'environ cinq jours après l'avoir reçu; que, dans cet intervalle, les exemplaires de ce volume et les manuscrits qui avaient servi à l'impression avaient été saisis chez l'imprimeur et chez les auteurs;

Que suivant la disposition de la loi du 28 février 1817, l'ordre de saisie et le procès-verbal de saisie devaient être notifiés aux parties dans les vingt-quatre heures, sous peine de déchéance; que ce délai et l'obligation imposée aux auteurs de ne pas publier l'ouvrage avant la remise du récépissé du dépôt, étaient des précautions suffisantes dans l'intérêt du gouvernement;

Que l'ordre de saisie et le procès-verbal de saisie n'ayant jamais été notifiés aux parties, le gouvernement est présumé de plein droit avoir renoncé à poursuivre; et qu'ainsi nulle action n'a pu être dirigée contre les auteurs de l'ouvrage, de la part de la partie publique;

Qu'il est vrai qu'une copie de l'ordre et du procès-verbal de saisie a été remise aux auteurs par un écrivain public; mais que cette remise ne peut être considérée comme une notification faite au nom du ministère public; puisqu'elle a été faite par un individu sans caractère, et que d'ailleurs elle est frappée du vice de faux;

Que M. le procureur du Roi ne peut ignorer le faux, puisque ce faux a été constaté par le procès-verbal d'un commissaire de police, au moment même où il a été commis, et que les auteurs du Censeur Européen en ont porté plainte devant lui, en lui indiquant les personnes qui peuvent en rendre témoignage;

Qu'environ trois ou quatre jours après la saisie, M. Reverdin, juge d'instruction, sur le réquisitoire de M. le procureur du Roi, a ordonné une seconde saisie; mais qu'à cette époque toute action était éteinte, les exposans ayant irrévocablement acquis le droit de se faire rendre l'ouvrage saisi et de le publier; que ce droit une fois acquis, n'a pu leur être enlevé par un acte qui n'est point de leur fait; que l'ordre de la seconde saisie n'est pas plus légal qu'il ne l'aurait été s'il avait été donné après un jugement qui aurait ordonné la restitution de l'ouvrage, parce que les jugemens *déclarent* le droit et ne le *créent* pas;

Que d'ailleurs l'ordre de faire une seconde

saisie, donné après que les auteurs du Censeur Européen ont eu acquis le droit d'obtenir la restitution de l'ouvrage saisi, n'a été suivi d'aucun effet, puisque le commissaire de police, chargé de l'effectuer, n'a trouvé, soit chez l'imprimeur, soit chez les auteurs, aucun exemplaire de l'ouvrage qu'il devait saisir, et que les procès-verbaux qu'il a dressés, bien loin de pouvoir être considérés comme une nouvelle saisie, sont une preuve convainquante qu'aucune nouvelle saisie n'a pu être faite ;

Qu'à la vérité le commissaire de police ne trouvant aucun volume à saisir, s'est transporté au greffe où il avait déposé les exemplaires précédemment saisis, et que là il *leur* a déclaré, au nom de M. le procureur du Roi et de M. le juge d'instruction, qu'il les saisissait de nouveau ; mais qu'il est impossible de voir dans ce fait autre chose qu'un acte dérisoire, dont l'unique but était de faire revivre une action éteinte, et d'enlever aux auteurs un droit qui leur était acquis ;

Que cet acte n'a rien changé à la nature des choses ; qu'il a laissé l'ouvrage sous la main de l'autorité qui en était déjà nantie et qui n'a pas cessé d'en avoir la possession depuis le jour où il fut enlevé aux auteurs; que, dans une pareille matière, la saisie n'a pour objet que de prévenir la circulation de l'ouvrage, en le mettant dans les mains de l'autorité; et qu'ainsi le second procès-verbal du commissaire de police n'a rien ajouté à ce qui avait été fait par le premier;

Que d'ailleurs, dans ce second procès-verbal, on voit figurer le même individu, d'abord comme témoin, pour déclarer que les objets qu'il trouve au greffe sont bien les mêmes qui y ont été apportés par suite de la première saisie, et ensuite comme commissaire de police, pour recevoir les déclarations qu'il a faites comme témoin, ce qui rend absurde et ridicule une opération nulle et illégale;

Que ces observations ayant été soumises par les auteurs du Censeur Européen, à M. le juge d'instruction, il n'a rien trouvé à y répondre, si ce n'est qu'il poursuivait, non en vertu de la saisie, mais en vertu du dépôt fait au ministère de la police et sur un exemplaire envoyé par ce ministère; que cette réponse semblerait prouver que M. le juge d'instruction n'a pas une idée très-nette de l'action que la loi donne à la partie publique, et des faits qui donnent naissance à cette action;

Que le devoir imposé par la loi au ministère public de poursuivre les auteurs d'un ouvrage, ne naît ni du dépôt fait au ministère de la police, ni de la saisie faite avant ou après ce dépôt ; qu'il naît de la criminalité de l'ouvrage, et de la volonté de la loi qui ordonne la punition des délits ; que, lorsque l'action est éteinte pour les exemplaires saisis, elle ne peut pas exister pour les exemplaires déposés au ministère de la police, puisque c'est de l'ouvrage en entier que l'action a pris naissance, et non de quelques volumes particuliers ;

Que si la loi est rigoureuse quant au délai dans lequel elle impose à la partie publique l'obligation de faire notifier l'ordre et le procès-verbal de saisie, elle l'est bien davantage relativement à la situation dans laquelle elle place les écrivains ; qu'elle leur impose d'abord l'obligation de faire au ministère de la police la déclaration de l'ouvrage qu'ils se proposent de faire imprimer ; qu'elle les oblige ensuite à en déposer, après l'impression, un certain nombre d'exemplaires au même ministère, et à attendre, pour le livrer au public, qu'il leur ait été délivré un récépissé du dépôt, et que cependant elle permet de leur supposer des intentions criminelles, quoiqu'ils se soient conformés en tout aux dispositions de la loi, et qu'ils aient concouru, autant qu'il a été en leur pouvoir, à rendre, par la publication de leurs écrits, toute espèce de dommage impossible; qu'il résulte de là que la *censure préalable*, destinée à prévenir les délits, est exercée, *après l'impression*, par l'autorité judiciaire, et que néanmoins l'auteur qui, en faisant le dépôt de son ouvrage, a concouru à *prévenir* le délit, est personnellement poursuivi et puni comme s'il l'avait commis :

Par ces considérations, les auteurs du Censeur Européen prient M. le procureur du Roi, et en tant que de besoin, le requièrent de faire cesser sur-le-champ la détention qu'ils subissent, détention qui ne peut être considérée, soit dans la *forme*, soit au *fond*, que comme un attentat à la liberté individuelle, se réservant d'en poursuivre les auteurs selon les voies prescrites par les lois.

Les auteurs du Censeur Européen déclarent, en même temps, à M. le procureur du Roi, qu'ils se rendent opposans à la saisie du troisième volume de leur ouvrage, faite les 6 et 7 de ce mois, par le sieur Basset, commissaire de police de la banque de France, à l'effet d'en faire déclarer la nullité ; et dans le cas où, sans avoir égard aux considérations qui viennent d'être exposées, le tribunal penserait qu'il y a lieu de maintenir provisoirement la saisie, les auteurs du Censeur Européen demandent subsidiairement qu'elle ne soit maintenue que pour les passages qui y ont donné lieu, leur intention étant de publier séparément les autres parties, pour se justifier aux yeux du public des imputations qui peuvent leur être faites.

A Paris, à la maison d'arrêt de la Force, le 21 juin 1817.

COMTE, DUNOYER.

DE L'IMPRIMERIE DE RENAUDIERE,
RUE DES PROUVAIRES, N°. 16.

www.ingramcontent.com/pod-product-compliance
Lightning Source LLC
LaVergne TN
LVHW021711230826
846092LV00002BA/953

* 9 7 8 2 0 1 9 2 5 0 8 7 4 *